Où est Lapin Malin?

LAPIN MALIN

ANTHONY TALLARICO

ÉDITIONS MIRABEL

© Ottawa, Canada,
1991, Éditions Mirabel
8925, boulevard Saint-Laurent
Montréal (Québec)
H2N 1M5

IMPRIMÉ AUX ÉTATS-UNIS

Lapin Malin ne savait pas qu'il y avait autant de choses loufoques et merveilleuses qui pouvaient pousser sur une ferme.

CHERCHE LAPIN MALIN PARMI TOUTES CES CHOSES FOLLEMENT ABSURDES.

- un tableau noir
- deux noeuds papillon
- un seau
- un ballon éclaté
- un chat
- deux poules
- une vache
- un âne
- un éléphant
- cinq bouches d'incendie
- un pompier
- un ballon volant
- un bâton volant
- un cerf-volant
- un joueur de football
- un fantôme
- une girafe
- une houe
- un boyau d'arrosage
- une souris
- un crayon
- un cochon
- une chaise berçante
- quatre bateaux à voile
- le Père Noël
- un épouvantail
- une pelle
- cinq bas
- des spaghettis bien mûrs
- des verres fumés
- quatre chapeaux haut de forme
- quatre pneus
- une tortue
- deux parapluies
- un arbitre
- deux arrosoirs

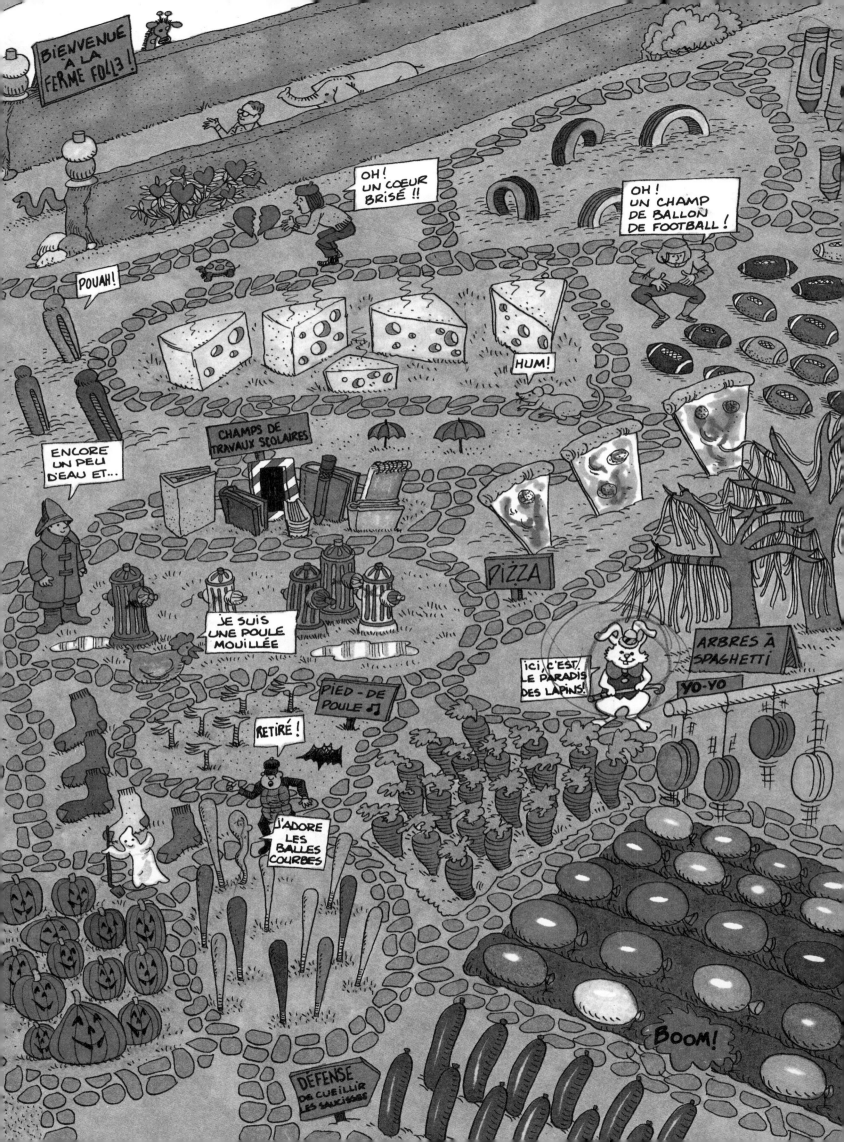

Lapin Malin adore danser Le voici donc au bal costumé. Lequel parmi tous ces costumes préfères-tu ?

EST-CE QUE TOUTES CES CHOSES SERVENT DE DÉGUISEMENTS D'APRÈS TOI ?

- la pomme
- la flèche
- le ballon
- le baril
- le panier
- les deux cloches
- le balai
- les deux cactus
- la boîte de conserve
- les pinces à linge
- la cafetière
- la couronne
- l'épi de maîs
- l'oeuf
- le ballon de football
- la fourchette
- la grenouille
- le danseur sans tête
- le chien-chaud
- le patin à glace
- le suçon à la crème glacée
- le crocodile
- le cerf-volant
- les lèvres
- le suçon
- la loupe
- le pot de peinture
- les deux crayons
- la pizza
- les patins à roulettes
- la scie
- les deux planches à roulettes
- le crâne
- le bonhomme de neige
- le wigwam
- la locomotive
- les deux arbres
- le fouet
- le chapeau de sorcière
- les deux oiseaux jaunes

LAPIN MALIN

Tout le monde aime les défilés, tous ces lapins aussi.
POURQUOI NE PAS T'AMUSER EN ESSAYANT DE TROUVER TOUT CE QUI PEUT PARTICIPER À CE DÉFILÉ MÉMORABLE.

- un accordéon
- une cornemuse
- un banjo
- une cage d'oiseau
- un os
- un boomerang
- une boule de quille
- une boîte de conserve
- une canne en bonbon
- onze carottes
- un chat
- un lapin en chocolat
- un clown
- un chariot
- trois tambours
- trois bouches d'incendie
- un pot de fleur
- un ballon de football
- un boyau d'arrosage
- un fantôme
- une guitare
- une harpe
- un chevalier
- deux ampoules
- un égoût
- une souris
- un champignon
- un hibou
- une douzaine d'oeufs de Pâques
- un avion de papier
- Pinocchio
- une bombe
- une scie
- un chanteur
- deux planches à roulettes
- un traîneau
- un bonhomme de neige
- un camion
- une tortue

Surtout ne le dites à personne !
Imaginez-vous donc que Lapin Malin s'est caché dans l'usine secrète où l'on peint les oeufs de Pâques.

ESSAIE DE TROUVER LAPIN MALIN ET CETTE MULTITUDE D'OBJETS :

- une pomme
- une flèche
- une banane
- un bâton de base-ball
- un ballon panier
- une cage d'oiseau
- six oiseaux
- trois bonbons noirs
- un balai
- une chandelle
- une carotte
- un chat
- une cheminée
- une horloge
- deux pinces à linge
- un chien
- un poisson
- une fleur
- un joueur de football
- un chevalier
- une lampe
- un soulier
- un monstre
- un filet
- douze lapins
- un pinceau
- un crayon
- un cochon
- un sac à main
- un arbitre
- trois patins à roulettes
- un serpents
- une lance
- un chapeau haut de forme
- une tortue
- un parapluie
- un aspirateur
- une voiturette
- un ver de terre
- un zèbre

LAPIN MALIN

Notre copain Lapin Malin passe la fin de semaine dans son hôtel favori, L'hôtel Chocolat Palace.

TOI AUSSI TU PEUX TE DISTRAIRE EN CHERCHANT LAPIN MALIN ET :

- ☒ trois ballons
- ☒ une partie de ballon panier
- ☒ deux paniers
- ☒ une boule de quille
- ☒ une ampoule brulée
- ☒ un cactus
- ☒ trois carottes
- ☒ un lucky lapin luke
- ☒ une lézarde dans l'oeuf
- ☒ un chapeau melon
- ☒ un éléphant
- ☒ une bouche d'incendie
- ☒ un poisson
- ☒ une grenouille
- ☒ un fantôme
- ☒ une girafe
- ☒ un diplômé
- ☒ un cheval
- ☒ un bikini
- ☒ un cerf-volant
- ☒ trois échelles
- ☒ un sauveteur
- ☒ un lion
- ☒ une souris
- ☒ un peintre
- ☒ un parachute
- ☒ un périscope
- ☒ trois soeurs lapines
- ☒ une perche
- ☒ un policier
- ☒ un Père-Lapin-Noël
- ☒ un épouvantail
- ☒ une planche à roulettes
- ☒ un serpent
- ☒ une étoile
- ☒ un téléscope
- ☒ dix raquettes de tennis
- ☒ un sapin
- ☒ un arrosoir
- ☒ quatre oiseaux jaunes

Lapin Malin fait de tout, même des voyages en ballon. Le seul problème, c'est qu'il ne sait pas où il atterrira !
CHERCHE SUR LA PISTE DU LAPIN MALIN CE QU'IL A SEMÉ...

☒ une pomme
☒ une flèche
☒ un tapis volant
☒ un bateau à voiles
☒ un bâton de baseball
☒ une planche déclouée
☒ une cloche
☒ un os
☒ un livre
☒ un crocodile
☒ une tasse
☒ des rideaux
☒ une cible
☒ Dracula
☒ un tambour
☒ un pot de fleur
☒ une carotte
☒ un fantôme
☒ un hamac
☒ un coeur
☒ un hélicoptère
☒ un cornet de crème glacée
☒ deux mains monstrueuses
☒ quatre oeufs de Pâques
☒ un palmier
☒ un coq
☒ un panache
☒ le Père Noël
☒ un mouton
☒ un traîneau
☒ une chauve-souris
☒ une étoile
☒ une corde
☒ un grille-pain
☒ un chapeau haut de forme
☒ une tortue
☒ un parapluie
☒ une voiturette
☒ deux paniers
☒ une couronne de Noël
☒ un moulin à vent

Quel labyrinthe de fleurs !
LAPIN MALIN
RETROUVERA-T-IL
LA SORTIE ?
COMME TU PEUX
LE VOIR, IL N'Y A
PAS QUE
NOTRE COPAIN ICI.
TU VERRAS AUSSI :

- un avion
- une pomme
- une flèche
- un ballon
- un bâton de base-
  ball
- un panier
- une abeille
- un bateau
- un os
- un chameau
- une casquette
- une carotte
- un clown
- une tasse
- un docteur lapin
- un éléphant
- un lutin
- un chapeau de
  pompier
- deux poissons
- une grenouille
- un coeur
- un hélicoptère
- un igloo
- un cerf-volant
- un monstre
- un champignon
- un pinceau
- un crayon
- un quartier de lune
- une bague
- un sac d'école
- une pelle
- un escargot
- un serpent
- un bonhomme de
  neige
- un bas
- un écureuil
- des verres fumés
- Super Lapin
- une locomotive
- une tortue
- une télévision
- un violon
- un arrosoir

Où est Lapin Malin?
Tout le monde le cherche!
Peux-tu le trouver toi?

PARTICIPE À LA RECHERCHE DE LAPIN MALIN ET TU POURRAIS AUSSI TROUVER :

- deux ballons
- un gant de base-ball
- une cloche
- une botte
- une boule de quille
- un balai
- deux chandelles
- un clown
- une canne en bonbon
- Sherlock Holmes
- trois chiens
- une plume
- une bouche d'incendie
- un pêcheur
- trois fleurs
- une casserole
- un coeur
- un chien-chaud
- un cornet de crème glacée
- une souris
- une momie
- une pieuvre
- une paille
- un panda
- un avion de papier
- un oreiller
- une citrouille
- un renne
- un robot
- un bateau
- un sabre
- un skieur
- un escargot
- une toupie
- une boisson gazeuse
- un chevalet
- deux tentes
- un téléscope
- une poubelle
- deux tentes
- un pneu
- un tuba

La planète Jujube semble une belle planète à visiter. Mais est-ce que tu aimerais y vivre?

CHERCHE LAPIN MALIN ET ...

- une fourmi
- un ballon
- une balle de base-ball
- une abeille
- une pince à linge
- deux chiens
- un canard
- un éléphant
- une plume
- un poisson
- un flamant
- un casque de football
- un oeuf au miroir
- une grenouille
- un bouclier
- un cheval
- un kangourou
- un cerf-volant
- une loupe
- une boulette de viande
- vingt-quatre autres lapins
- un pinceau
- une poire
- un cochon
- un docteur lapin
- un raton laveur
- un coq
- deux foulards
- un phoque
- une planche à roulettes
- un serpent
- un vaisseau spatial
- un tabouret
- des verres fumés
- un pansement
- une tortue
- un morse
- un ver de terre

Quelle course! C'est dingue et il faut être marteau pour y participer
Le lièvre et la tortue ne se corrigeront jamais...

OÙ EST PASSÉ LAPIN MALIN? CHERCHE ET TROUVE :

- ☒ cinq flèches
- ☒ un bébé
- ☒ une barbe
- ☒ une cage d'oiseau
- ☒ une souche
- ☒ une bombe
- ☒ un os
- ☒ un cactus
- ☒ une chandelle
- ☒ un chat
- ☒ un cube
- ☒ une paterre
- ☒ une cafetière
- ☒ une vache
- ☒ deux chapeaux de cowboy
- ☒ une couronne
- ☒ un pêcheur
- ☒ un tambour
- ☒ une cabane de bois rond
- ☒ des antennes de télévision
- ☒ un fantôme
- ☒ un cheval
- ☒ un chien-chaud
- ☒ une corde à danser
- ☒ une clé
- ☒ une échelle
- ☒ un dormeur
- ☒ un monstre
- ☒ un unijambiste
- ☒ deux oeufs de Pâques
- ☒ deux périscopes
- ☒ une pizza
- ☒ un mouton
- ☒ une planche à roulettes
- ☒ un bonhomme de neige
- ☒ un wigwam
- ☒ trois tortues
- ☒ un parapluie
- ☒ deux émetteurs-récepteurs

Le rêve de Lapin Malin s'est matérialisé ... une carotte géante! Au mont-Carotte on a des illusions...

TROUVE LAPIN MALIN ET DIS-MOI SI CES CHOSES SONT BIEN RÉELLES :

- une pomme
- un ballon
- un baril
- une balle de base-ball
- un panier
- un hameçon
- trois oiseaux
- un dirigeable
- des verres fumés
- une canne en bonbon
- un cadran
- une tasse
- une toque de cuisinier
- un Dracula Lapin
- une fleur
- un tapis volant
- un ballon de football
- deux fourchettes
- un fantôme
- un girafe
- une demie-lune
- un cerf-volant
- une tondeuse
- une bouée de sauvetage
- un lion
- une loupe
- un champignon
- un noeud papillon
- un oeuf de Pâques
- une poire
- deux périscopes
- une corde
- un épouvantail
- une planche à roulettes
- un lance-pierres
- un serpent
- un arbre
- une tortue
- une baleine

Comme ce doit être amusant de faire ses courses dans un magasin comme celui-là. LAPIN MALIN FOUINE À LA GRANDE VENTE DU PRINTEMPS. TROUVE-LE ET TU TROUVERAS EN PRIME :

☒ une flèche
☒ un astronaute
☒ une peau de banane
☒ un panier
☒ une cloche
☒ une cage d'oiseau
☒ une montagne de chaussures
☒ un gant de boxe
☒ un cactus
☒ une chandelle
☒ un caisse enregistreuse
☒ un chat
☒ un mille-pattes
☒ un policier
☒ une pince à linge
☒ un clown
☒ un couronne
☒ un chien
☒ une plume
☒ une canne à pêche
☒ un pot de fleur
☒ un fantôme
☒ de la gomme à mâcher
☒ un cheval
☒ Humpty Dumpty
☒ un igloo
☒ un échelle
☒ une lampe
☒ un singe
☒ une souris
☒ une pieuvre
☒ un hibou
☒ deux tartes
☒ un pirate
☒ un coq
☒ Popeye
☒ une chambre à air
☒ le Père Noël
☒ trois sacs
☒ un fauteuil
☒ une épée

Quelle planète stupide!
La planète "Jellybean" est accueillante et surtout collante. Aimerais-tu y vivre?
TROUVE LAPIN MALIN ET VOIS CE QU'IL PEUT AUSSI Y AVOIR SUR CETTE PLANETE IMBÉCILE.

- ☒ deux singes
- ☒ un landau
- ☒ un balai
- ☒ un cactus
- ☒ un costume de lapin
- ☒ une chandelle
- ☒ une voiture
- ☐ une horloge
- ☐ une vache
- ☐ une craie de cire
- ☐ une niche
- ☐ deux chiens
- ☐ un aigle
- ☐ un éléphant
- ☐ un point d'interrogation
- ☐ une fleur
- ☐ un camion citerne
- ☐ une girafe
- ☐ un bâton de golf
- ☐ un coeur
- ☐ un cerf-volant
- ☐ un chevreuil
- ☐ une bouche
- ☐ un pot de peinture
- ☐ un oeuf de Pâques
- ☐ une pizza
- ☐ du sable mouvant
- ☐ une radio
- ☐ une chaloupe
- ☐ un château de sable
- ☐ deux foulards
- ☐ un phoque
- ☐ un requin
- ☐ une pelle
- ☐ un skieur
- ☐ un serpent
- ☐ un bonhomme de neige
- ☐ des verres fumés
- ☐ un téléscope
- ☐ un pêcheur
- ☐ un tricycle
- ☐ un parapluie
- ☐ un arrosoir

Lapin Malin veut te
présenter quelques-uns
de ses amis.
Reconnais-tu :

☐ Donald ☐ Hector
☐ Frank ☐ Sam
☐ François ☐ Père Noël
☐ Laura ☐ Suzie
☐ Lise

OÙ EST LAPIN MALIN ?